BEI GRIN MACHT SICH IHR WISSEN BEZAHLT

AF153291

- Wir veröffentlichen Ihre Hausarbeit, Bachelor- und Masterarbeit

- Ihr eigenes eBook und Buch - weltweit in allen wichtigen Shops

- Verdienen Sie an jedem Verkauf

Jetzt bei www.GRIN.com hochladen und kostenlos publizieren

GRIN

Sozialraumorientierung, Vernetzung und Sozialanwaltschaft

K. Schreib

Bibliografische Information der Deutschen Nationalbibliothek:

Die Deutsche Nationalbibliothek verzeichnet diese Publikation in der Deutschen Nationalbibliografie; detaillierte bibliografische Daten sind im Internet über http://dnb.d-nb.de abrufbar.

ISBN: 9783346765925
Dieses Buch ist auch als E-Book erhältlich.

© GRIN Publishing GmbH
Nymphenburger Straße 86
80636 München

Druck und Bindung: Books on Demand GmbH, Norderstedt Germany
Gedruckt auf säurefreiem Papier aus verantwortungsvollen Quellen

Das Buch bei GRIN: https://www.grin.com/document/1299439

Sozialraumorientierung
Vernetzung und Sozialanwaltschaft

Alternative A

SRH Fernhochschule

Modul: Sozialraumorientierung, Vernetzung und Sozialanwaltschaft

Studiengang: B. A. Soziale Arbeit

Inhaltsverzeichnis

Tabellenverzeichnis

Aufgabe 1

Früchtel beschreibt den Sozialraum als ein von Individuen geformter Bereich, der in einem spezifischen sozialen Kontext steht. Hierbei liegt der Fokus nicht auf den geografischen Grenzlinien, sondern vielmehr auf dem Verständnis über die Entwicklung wie der spezifische Raum entstanden ist und welche Interessen und Pläne dahinterstehen. Soziale Räume beinhalten verschiedene Gestaltungsfaktoren, wie die materiellen Ressourcen, das Wissen, den Rang und die Zugehörigkeit, sowie den Einschluss oder die Ausgrenzung. Diese Elemente sind für die Praxis bedeutungsvoll, da diese die Aufgabe hat, soziale Räume zu öffnen, umzugestalten und zu verbinden. (Früchtel, Budde & Cyprian, 2013)

Die Sozialraumorientierung gewinnt ihre Wirkung durch einen Mehrebenenansatz, welcher aus einander ergänzenden Maximen in verschiedenen Handlungsfeldern besteht. Damit diese voneinander getrennt werden können, um sie analytisch zu betrachten, wurde das SONI-Modell erstellt. Das SONI-Modell ist ein praxisnahes Konzept und beschreibt verschiedene Handlungsfelder innerhalb eines Sozialraumes. Es umfasst die Sozialstruktur, die Organisation, das Netzwerk und das Individuum. Die Arbeitsfelder ergänzen sich gegenseitig. Die nachhaltigste und wirkungsvollste Arbeit in der Sozialraumorientierung erhält man, wenn alle vier Handlungsfelder zusammenarbeiten. Die Systeme sind eine Art Arbeitsteilung der Gesellschaft, die in Teilbereichen spezifische Aufgaben erfüllen sollen und funktionsabhängig voneinander handeln. Dies ist jedoch nicht einfach umzusetzen, da die Arbeitsfelder ein unterschiedliches Maß an Intensität erfordern. Aus diesem Grund blenden die Praxisfelder der sozialen Arbeit oft Teile des Modelles aus und beschränken sich auf eines, maximal zwei. In der Einzelfallarbeit kann es beispielsweise sein, dass die Ursachen für strukturelle Probleme nicht beleuchtet werden, sondern in die Individuen hineinverlagert werden. In der stationären Arbeit kann es passieren, dass das soziale Netzwerk der Bewohner*innen ausgeblendet wird, da die Heimversorgung ausreichend ist und die Pflegekräfte rund um die Uhr als Ansprechpartner*innen fungieren. Die Angehörigen spielen in solchen Situationen eine geringere Rolle. (Früchtel, Budde & Cyprian, 2013)

Die Autoren unterscheiden zwischen System (Sozialstruktur und Organisation) und Lebenswelt (Netzwerk und Individuum). Unter Lebenswelt versteht man ein Konglomerat aus der sozialen Herkunft, dem Umfeld und der Gruppenzugehörigkeit. Hieraus resultieren viele Erfahrungen und Ressourcen. Die Lebenswelt leistet Sozialisation und Sozialintegration für die nachhaltige Herausbildung von Identitäten.

Sie richtet sich nach dem Einverständnis, der Kommunikation und Verständigung aus. Das System wird als Ergebnis der gesellschaftlichen Arbeitsteilung verstanden, in dem spezifische Funktionen für die Gesellschaft von Teilsystemen übernommen werden. (Marlene-Anne Dettmann, 2017)

Das SONI-Modell verweist auf verschiedene Akteure und potentielle Kooperationen. Jedes einzelne Feld bearbeitet einen anderen Kontext der sozialen Arbeit und entwickelt diesbezüglich Ziele der Sozialraumorientierung. Die Sozialstruktur verweist auf die grundlegenden Wirkungszusammenhänge einer Gesellschaft, in die jedes Individuum eingebunden ist. Sie befasst sich mit Bearbeitung von sozialen Problemen, welche mithilfe verschiedener Methoden und Techniken aufgezeigt werden. Die Organisation meint den institutionellen Kontext. Dieser bezieht sich auf Zuständigkeiten, Finanzierungssysteme, sowie Aufbau- und Ablauforganisationen und darauf bezogene Konzepte. Das Ziel des Arbeitsfeldes ist neue Hilfeleistungen anzubieten, welche wahrgenommen werden können. Das Netzwerk beinhaltet die sozialen Verknüpfungen aller Personen eines sozialen Raumes. Diese sind automatisch Adressaten der sozialen Arbeit, damit integrierende Lösungen zu erreichen sind. Die verschiedenen Netzwerke einer Person halten den Sozialraum zusammen. Das Individuum meint subjektive Wahrnehmungs- und Deutungsmuster, Erfahrungen, Stärken, sowie Ressourcen und den Lebensstil jedes Einzelnen. Ziel dieses Handlungsfeldes ist Möglichkeiten der Entwicklungen zu finden und die individuelle Lebenswelt der Adressaten zu verbessern. In der sozialraumorientierten Arbeit werden bei der Planung, der Intervention, den Projekten und Evaluationen alle Felder berücksichtigt. Dies lässt sich als Methodenmix begreifen, welcher Handlungsstrategien aus verschiedenen Feldern kombiniert. (Früchtel, Budde & Cyprian, 2013)

Handlungsfeld: Das Individuum

Das Handlungsfeld „Individuum" bezieht sich vorwiegend auf den Einzelfall. Die daraus resultierenden Arbeiten finden mit Einzelpersonen, kleinen Gruppen oder Familien statt. Die Einzelfallarbeit ist ein professionelles Handeln, welches Veränderungen herbeiführt, sobald Adressat*innen und Fachkräfte miteinander arbeiten, gemeinsam Ziele und Pläne erarbeiten und diese, wenn möglich, umsetzen. Es geht um die Veränderung von angeeigneten Verhaltensmustern sowie die damit verbundene Wirkung in Bezug auf verschiedenste Umweltfaktoren. Das Handlungsfeld „Individuum" umfasst verschiedene Techniken. Mit den Rahmenbedingungen sind die strukturellen Unterschiede in der Positionsmacht von Fachkräften und Adressat*innen gemeint. Diese gilt es auszugleichen, um den Betroffenen die Chance bieten zu können, effektiv an Hilfeprozessen mitarbeiten und diese gestalten zu können. Die Technik „Heimspiele organisieren" entwickelt eine Unterstützungshilfe mit Kriterien und Reflexionshilfen zur Analyse des Arbeitssettings. Sie bringen Vorschläge, die die Position der Adressat*innen stärken kann. Der Familienrat ist ein Verwaltungsverfahren, in dem Angehörige, Verwandte oder Freund*innen bei Entscheidungen und Lösungsvorschlägen mitarbeiten und mitentscheiden. Damit aktiviert er die sozialen Netzwerke der Beteiligten. Die Fachkräfte sind dabei nicht die Experten, sie agieren vielmehr als Organisator*innen und Verhandlungspartner*innen. Sie unterstützen die Angehörigen bei strukturellen Problemen und bieten die nötige Orientierung. Eine weitere wichtige Technik ist die Herausarbeitung und Nutzung von Stärken. Diese arbeitet man mithilfe des „Ressourcencheck" heraus. Dabei nimmt man den einzelnen Menschen in den Blick und arbeitet die persönlichen Stärken heraus. Dies ist zum Beispiel mit der Genogrammarbeit möglich. Die Aufmerksamkeit richtet sich auf die Ressourcen, welche in den Netzwerken der Adressat*innen stecken. Zwischenmenschliche Beziehungen können rekonstruiert und damit Unterstützungsressourcen herausgefiltert werden. (Früchtel, Cyprian & Budde, 2013)

Die Genogrammarbeit ist eine Methode aus der Familientherapie und verfolgt das Ziel, ein Verständnis über die Grundüberzeugungen und Werte, welche dem Verhalten zu Grunde liegen, zu erkennen und infolge dessen Lösungen für Probleme zu finden. Es werden selbstverurteilende Gedanken aufgelöst und Ressourcen zur Verhaltensänderung gestärkt. (Martin Hertkorn, 2012)

Der Mensch ist der Hauptbestandteil in der sozialen Arbeit, steht dabei im Mittelpunkt und sollte daher umfassend behandelt werden. Die Wichtigkeit dieses Handlungsfeldes soll im folgenden Fallbeispiel verdeutlicht werden. Das grundlegende Ziel der sozialen Arbeit ist es, die Lebensbedingungen der Adressat*innen so zu gestalten, dass die Wünsche und Bedürfnisse befriedigt werden können. Diese sind individuell, weshalb jeder Fall einzeln betrachtet und bearbeitet werden soll. So auch der Fall von Herr X. Er ist 14 Jahre alt, wohnt in einer alten, kleinen Wohnung an einem Stadtrand. Herr X besucht die Schule unregelmäßig, wiederholt zum zweiten Mal eine Klasse und hält sich vorwiegend im Jugendhaus auf. Die Mitarbeitenden des Jugendhauses beobachten bei Herrn X in regelmäßigen Abständen Wutanfälle, gefolgt von anschließendem Weinen. Er möchte nicht darüber sprechen und sich auch nicht mit den vorhandenen Angeboten ablenken lassen. Dies führt dazu, dass Herr X zunehmend wütender wird und die Situation für ihn immer aussichtsloser. Die Mitarbeitenden wissen, sie sollten, wenn möglich, etwas tun um ihm zu helfen.

Im Rahmen der Sportsozialarbeit bietet das Jugendhaus zweimal pro Woche ein Training im Kampfsportstudio an. Dort praktizieren ausgebildete Sensei Kickboxen und Boxen. Ziel der Sportsozialarbeit ist es einen lebensweltorientierten, ganzheitlichen Blick auf den Menschen zu erhalten, positives Erleben und Ressourcen der Adressat*innen herauszufiltern und zu stärken. Der Sport soll als Medium für die Unterstützungen Einzelner dienen. Er fördert die eigene Lebensbewältigung und baut Zugangsbarrieren ab. (Rudolf Bieker, 2020)

Im Fall von Herrn X soll der Sport dabei helfen, sich auf seine Gefühle zu konzentrieren, ihnen freien Lauf lassen, sodass er zu einem späteren Zeitpunkt in der Lage ist, über seine Bedürfnisse und Wünsche zu sprechen. Herr X erklärt sich einverstanden, das Kickboxen auszutesten und geht fortan regelmäßig ins Training. Schon nach zwei Wochen kann man erkennen, dass er wesentlich ruhiger ist und verbal nicht ausgleist. Die Mitarbeitenden sehen das als Fortschritt und geben ihm noch Zeit, bevor sie ihn auf die vorigen, teilweise immer noch anhaltenden, Wutanfälle ansprechen. Durch den Sport wird Herr X zugänglicher und zunehmend selbstbewusster, er wirkt zufriedener. Er erzählt, dass er in der Schule geärgert und geschlagen werde, dies sei auch der Grund für seine unregelmäßigen Besuche, welche auch zur Klassenwiederholungen führen. Er habe das Gefühl, Schuld zu sein und dass er es verdiene, geschlagen zu werden. Im Kickboxen darf er seiner Wut freien Lauf lassen und fühlt sich von den anderen Mitgliedern angenommen. Die Mitarbeitenden des Jugendhaus, welche ein vertrauensvolles Verhältnis zu Herrn X haben, schlagen ihm vor, ein Genogramm zu erarbeiten. Dies soll ihn befähigen, seine eigenen Werte und Normen herauszufinden und seine persönlichen Ressourcen aufzuschreiben. Im weiteren Verlauf soll das Genogramm eine Unterstützung sein, welches ihm hilft, seine selbstverurteilenden Gedanken aufzulösen und Kraft aus seinen eigenen Ressourcen zu schöpfen. Infolgedessen solle Herr X wieder regelmäßig zur Schule gehen und ggf. die Hilfe der Lehrer einfordern und die Situation zuhause öffnen. Das führt dazu, dass Herr X seine sozialen Netzwerke aktiviert und Hilfeleistungen erhalten kann. Des Weiteren soll er sein Netzwerk ausbauen, indem er vermehrt Kontakte zu den Mitgliedern des Kampfsportvereins pflegt. Dies könnte zu neuen Freundschaften und somit zu einem größeren sozialen Netzwerk führen.

Handlungsfeld: Das Netzwerk

Die Definition nach Früchtel meint, dass die Netzwerke den Sozialraum zusammenhalten. Die Sozialraumorientierung schließt im Handlungsfeld „Individuum" an die Kompetenzen und den Willen der Adressat*innen an. Doch diese allein reichen für die Problemlösung nicht aus. Um nachhaltige Lösungen zu erzielen, agieren die Fachkräfte und Adressat*innen in sozialen und professionellen Netzwerken. Dies dient der Stärkung und Motivation der Bürger*innen. Die sozialen Beziehungen zwischen Menschen und verschiedenen Organisationen bilden ein Netzwerk, auf das man zugreifen kann. Hierbei sind bildlich gesprochen die Menschen die Knotenpunkte und deren Beziehungen die Verbindungsmaschen. Mithilfe dieser Maschen entstehen der Austausch und die Integration von Einzelnen. Aus diesem Grund sind soziale Netzwerke wichtig. Sie dienen der Wiedereingliederung in die Gesellschaft, der Informationsbeschaffung, der Unterstützung und der Verbindung mit anderen Bürger*innen. Je größer das Netzwerk einer Person ist, desto mehr Knotenpunkte hat diese und desto höher ist die Wahrscheinlichkeit auf Unterstützung und weitere Hilfeleistungen. Das wiederum führt zu einer nachhaltige und qualitativen Lösungsfindung für die Adressat*innen. (Früchtel, Cyprian & Budde, 2013)

Um aufzuzeigen, wie wichtig das soziale Netzwerk ist, wird das Fallbeispiel einer Sozialpsychiatrie herangezogen. Die Sozialpsychiatrie Sonnenhof ist ein Fachpflegeheim in einem Stadtteil in Baden-Württemberg, in dem Menschen mit einer psychischen Erkrankung wohnen. Das Heim steht gut angebunden am Rande der Stadt, umgeben von einem schönem Ausblick und verschiedenen Obstbäumen auf der anliegenden Wiese. In dem Heim gibt es morgens zwischen 8.00-9.30 Uhr Frühstück, zu Mittag isst man um 12.00 Uhr, im Anschluss daran gibt es von 14.00-15.00 Uhr Kaffee und Kuchen. Das Abendessen findet um 17.30 Uhr statt. Seit vielen Jahren wird das Heim von derselben Großküche bekocht, was für die alte Generation in Ordnung ist. Doch seit einigen Monaten findet ein Wechsel an Bewohner*innen statt, diese sind nun deutlich jünger und agiler. Mit dem Wandel der Bewohner*innen kommt auch der Wandel der Gewohnheiten und Weltansichten. Sie sind aktuell nicht zufrieden, da sie der Meinung sind, es gäbe zu viel und zu ungesundes Essen im Fachpflegeheim. Dies führe dazu, dass die Bewohner*innen immer häufiger „keinen Hunger mehr haben". Im Pflegeteam kommt dieses Thema immer wieder auf und man beschließt, dass sich etwas ändern muss. Die Mitarbeitenden des Teams setzen sich mit den Bewohner*innen zusammen und erstellen eine Mindmap mit möglichen Veränderungen des Menüs. Des Weiteren wird die Küche angeschrieben, ob die Möglichkeit bestehe, verschiedene Menüs zur Auswahl zu bekommen. Dies kann von der Küche bestätigt werden und ab sofort kann jede Person ihr eigenes Menü auswählen, was zu einer erhöhten Zufriedenheit bei den Bewohner*innen führt. Zusätzlich wurde besprochen, dass der Nachtisch abbestellt wird, da es am Nachmittag Kaffee und Kuchen gibt. Weitere aufzuzählende Möglichkeiten sind das Backen von Kuchen mit dem eigenen Obst, welches auf den Wiesen wächst. Diese Möglichkeit besteht vom Sommer bis hin zum Herbst, da von Apfelbäumen, über Birnenbäume und Zwetschgen alles dabei ist. Hier erstellen die Bewohner*innen eine Liste mit Kuchen, die man backen könnte. Allergien sowie Unverträglichkeiten aller Bewohner*innen und die der Mitarbeitenden werden aufgeschrieben. Einige äußern den Wunsch eines selbstgemachten Obstsalates gerade an den Wochenenden, anstelle eines Kuchens. Die Wochenenden bieten sich an, da der Alltag insgesamt entspannter abläuft und die Mitarbeitenden mehr Zeit für die Bewohner*innen haben und bessere Hilfeleistungen geben können. Die Bewohner*innen freuen sich über das positive Feedback, sowie über die neue Beschäftigung, die das Backen von Kuchen und ernten von Bäumen mit sich bringt. Bisher gibt es in der Einrichtung nur einmal in der Woche eine Koch- und Backgruppe. Diese kann jedoch durch Unterstützung von Ehrenamtlichen und einer weiteren Beschäftigungskraft ausgeweitet werden. Die Kolleg*innen, die aktuell mit den Bewohner*innen zusammenarbeiten, erkundigen sich zusätzlich bei Freunden und Bekannten, ob diese Lust hätten, sich an dem Projekt zu beteiligen und einmal in der Woche an einem bestimmten Tag zum Backen vorbei zu kommen. Daraufhin werden auch Mütter von Kindern aufmerksam. In den Schulen vieler Kinder gibt es Kuchenverkäufe. Diese sind notwendig, wenn die Kinder in ein Schullandheim wollen oder für andere Aktivitäten Geld benötigen. Deshalb erachten die Mütter der Kinder es als sinnvoll, mit den Bewohner*innen des Fachpflegeheimes regelmäßig zu backen. Diese unterstützen durch ihr Gebäck im Gegenzug dann den Kuchenverkauf der Kinder. Dies schafft einen wertvollen und fairen Handel zwischen allen Beteiligten. Die Netzwerke der Bewohner*innen wachsen insgesamt und verfestigen die vorhandenen Knotenpunkte mit den Mitarbeitenden des Heimes. Die Mütter, welche Ehrenamtlich helfen und die Beschäftigungskräfte wachsen als Team zusammen und haben ihr eigenes soziales Netzwerk genutzt, um mehr Interessent*innen für das Projekt zu finden.

Aufgabe 2

William Whyte entwickelte 1936 das Konzept der Street Corner Society. Er lebte in Cambridge auf dem Campus der Harvard University. Er beobachtete den Bostoner Stadtteil North End, welcher damals von italienischen Immigrant*innen bevölkert war. Whyte lebte dort dreieinhalb Jahre, teilweise in einer italienischen Familie. Der wesentliche Teil seiner Beobachtung spielte sich in den Straßenecken (den Street Cornern) ab. Sein entscheidender Erfolg waren die persönlichen Beziehungen, welche er über die Jahre knüpfte. Er weitete sein soziales Netzwerk immer weiter aus und wurde von Freund*innen anderen Bekannten vorgestellt. Whyte konnte feststellen, dass Fragen seinerzeit nicht zielführend waren. Wichtiger war es, von den Mitgliedern der Street Corner angenommen und akzeptiert zu werden. Dann bekam man Antworten auf Fragen, die man nicht einmal stellte. Mit der Zeit entdeckte Whyte an seiner Person Veränderungen. Der Zugang zu seinem alten Netzwerk war schwieriger aufrechtzuerhalten und er wurde immer mehr zu einem nicht beobachtenden Teilnehmer, da er das Lebensgefühl und die alltäglichen Dinge des Lebens des Bostoner Stadtteils mitbekam und dies für ihn zur Selbstverständlichkeit wurde. Des Weiteren bemerkte Whyte, dass das ursprüngliche Ziel, das Verstehen und die Wertschätzung der italienischen Immigrant*innen, durch die allgemeine Verbesserung der Menschen erweitert wurden. Er mobilisierte seinerzeit die verschiedenen Cliquen zu einer Demonstration, um für die Heißwasserversorgung einzustehen. Diese war ausgefallen und mehrere Wochen hatte sich niemand um eine Wiederherstellung der Versorgung gekümmert. Whyte bemerkte nach der Demonstration, dass die kurzfristige Mobilisation zwar den Zweck erfüllte, die Vereinigung der Cliquen jedoch nicht von Dauer war und jede Clique wieder eigene Wege ging. Er bemerkte, dass eine dauerhafte, übergreifende Organisation nur mit aufbauenden Aktivitäten möglich war und rief deshalb eine Softballliga ins Leben. (Früchtel, Budde & Cyprian, 2013)

Bei seinem Konzept geht es um die gezielte Beobachtung. Die Fachkraft beobachtet den Sozialraum eines Klienten auf vier verschiedenen Ebenen. Diese setzen voraus, dass sich die beobachtende Person inmitten des zu untersuchenden Sozialraums befindet. Die erste Ebene bezieht sich auf die einzelnen Menschen im Sozialraum. Die zweite Ebene beschäftigt sich mit den formellen und informellen Gruppen des Sozialraumes. Die Beziehungen zwischen den einzelnen Personen, zu den Gruppen und zwischen den Gruppen werden in der dritten Ebene beobachtet, während die vierte Ebene die Verknüpfungen zwischen der sozialstrukturellen Ordnungen und den Verhaltensweisen der Individuen analysiert. Daten über Einzelne sind besonders

11

relevant, wenn diese in Bezug auf ihre Position in der Gesellschaft gesehen werden. Im Laufe der Zeit werden die gesammelten Details mit immer größeren Strukturen in Verbindung gebracht. Es werden Mappen für jede Gruppe angelegt, um die Beobachtungsprotokolle zu ordnen. Am Anfang jeder Mappe wird ein Indexsystem angelegt, welche den Inhalt auf einen Blick erfassen lässt. Im Index inbegriffen sind das Datum, der Gesprächspartner und weitere anwesende Personen, die Zusammenfassung des Inhaltes sowie die Seite in den ausführlichen Protokollen. (Früchtel, Budde & Cyprian, 2013)

Das Ziel der Felderkundung ist das Erforschen der sozialen Wirklichkeit der Menschen. Es gilt die Menschen in ihrem Handeln zu verstehen und wertzuschätzen. Die Fachkräfte sind in der Rolle der Beobachter und der Abendteurer, mit der Aufgabe die fremden Lebenswelten und das kulturelle Gruppenleben kennenzulernen. Die Fachkräfte werden Teil des Sozialen Raumes, indem sie sich auf die unterschiedlichen Lebensstile, sowie die vernetzten Kommunikationsgemeinschaften, die nebeneinander existieren, einlassen. (Früchtel, Budde & Cyprian, 2013)

Der gewählte Sozialraum für die eigenen Beobachtungen ist ein Stadtteil in Baden-Württemberg. In diesem Stadtteil stehen einige Sozialwohnungen, es gibt eine Gesamtschule, einen Jugendtreff und gleich nebenan ein Kaufland. Protokolliert werden die Dauer der Beobachtung, die Uhrzeit, der genaue Stadtteil, die gewählte Methode, die Beobachtungen selbst, sowie die Altersgruppen, Symbolpunkte, Konfliktpunkte und Treffpunkte. (Früchtel, Budde & Cyprian, 2013)

Beobachtungsdauer	21.07.22-23.07.22, 7.00 Uhr, 13.00 Uhr, 18.00 Uhr je ca. 2 Stunden
Stadtteil	Viertel in der Unterschicht
Name des Stadtteilexperten	Herr A.
Name der Fachkraft	Katharina Batt
Methode	Typischer Tagesablauf
Beobachtungen	Meistens dieselben Menschen, zu jeder Tageszeit dort, „Ghettoähnlicher Slang", Frauen und Männer
Altersgruppe	Alle Altersgruppen sind vertreten, vermehrt Jugendliche zwischen 14-17 Jahren, tätowiert, alkoholisiert, rauchend angetroffen
Symbolpunkte	Graffitis an Hauswänden,

	„Heruntergekommene" Wohnungen, Jugendtreff Tür stets geöffnet
Konfliktpunkte	Alkoholisierte, streitende Menschen entgleisen verbal
Treffpunkte	Auf dem Kauflandparkplatz, vor dem Jugendtreff auf den Treppen, auf Parkbänken

Tabelle 1: In Anlehnung an das Buch sozialer Raum und soziale Arbeit von Früchtel F.; Budde W.; Cyprian G.

Die Tabelle bietet eine Kurzübersicht über die drei Tage der Stadtteilerkundung. Herr A, der Stadtteilexperte, wohnt in diesem Viertel und erzählt von dem Alltag. Er erzählt Geschichten über ein paar Menschen, welche täglich herkommen und hier ihren Anschluss gefunden haben. Des Weiteren erzählt er über die Herkunft der Graffitis und von den Mitarbeitenden des Jugendtreffs, in dem er selbst auch einige Jahre gearbeitet hat. Herr A kennt sich in diesem Stadtteil sehr gut aus, wird von den Bürger*innen akzeptiert und angenommen. Während den drei Tagen der Stadtteilerkundung wurden einige Beobachtungen gemacht, sowie Gespräche mit den Adressat*innen geführt. Auffällig war, dass zu jeder der oben genannten Uhrzeit Jugendliche zu sehen waren, obwohl diese eigentlich vormittags Schule haben. Nach dem zweiten Tag kommt es zu einem Gespräch. Einer der Jugendlichen erzählt, er habe keine Lust mehr auf die Schule, da er sich sowieso kein Studium leisten könne. Die Fachkraft nimmt dies an, fragt mithilfe von Techniken der einfühlsamen Gesprächsführung nach, wie es ihm dabei geht, was er denkt und was er braucht. Im Laufe der nächsten Stunden kommen immer mehr Adressat*innen und treffen sich vor den Treppen des Jugendtreffs und auf verschiedenen Parkbänken. Eine Gruppenbildung ist erkennbar. Vor dem Jugendtreff wird nicht konsumiert, während auf den Bänken und dem Kauflandparkplatz Alkohol getrunken wird. Der steigende Alkoholpegel führt zum frühen Abend hin in allen drei Tagen zu Streitereien. Es macht den Anschein, als sei dies normal. Einige Adressat*innen reagieren gar nicht auf die verbal ausgleisenden Bürger*innen. Erwachsene, sowie Jugendliche vertreiben sich die Zeit mit Graffitis, andere mit Karten spielen. Insgesamt herrscht wenig Kommunikation. Einigen scheint es langweilig zu sein, sie wirken getrieben und laufen immer wieder auf und ab, verschwinden für kurze Zeit im Kaufland, gehen in den Jugendtreff. Innerhalb dieser drei Tage fällt immer wieder auf, dass die Adressat*innen keine richtige Beschäftigung haben, sie gehen nur für kurze Zeit arbeiten. Die Jugendlichen besuchen die Schule nicht, den Jugendtreff allerdings auch kaum. Die meisten Menschen sitzen auf dem Boden oder den Bänken herum, unterhalten sich über alltägliche Dinge des Lebens. Aus diesem Grund wären

Beschäftigungsmöglichkeiten und ein neuer, großer Unterstand sehr sinnvoll. Dies würde den Adressat*innen möglicherweise einen Ansporn geben, sich zu beschäftigen und neue Interessen sowie Ressourcen aufdecken. In den drei Tagen der Beobachtung werden die verschiedenen Ebenen des Modells beleuchtet. Es finden Gespräche auf der ersten Ebene statt, mit den einzelnen Menschen des Sozialraumes. Die zweite Ebene, die der formellen und informellen Gruppe kann oberflächlich beobachtet werden. Dies sind die verschiedenen Cliquen welche sich auf den Bänken treffen. Des Weiteren können Interaktionen der verschiedenen Gruppen aufgezeichnet werden, welche sich auf die dritte Ebene beziehen. Für die vierte Ebene sind drei Tage zu wenig, da man innerhalb dieser kurzen Zeit wenig über sozialstrukturelle Ordnungen und Verhaltensweisen herausfinden kann.

Stadtteilerkundungen dienen dem Verständnis der Lebenswelt der Adressat*innen. Hierfür muss man sich in den jeweiligen Stadtteilen auskennen. So lässt sich herausfinden, welche Gruppen strukturell exkludiert werden, welcher Raum durch welche Gruppe besetzt wird und wie die verschiedenen Bevölkerungsgruppen versuchen, sich öffentlichen Raum anzueignen. Es kann in verschiedene Stadtteilerkundungen unterschieden werden. Es kann ein typischer Tagesablauf sein. Des Weiteren gibt es noch Sightseeing-Touren, Blitzlichttouren, Zeitstichproben, Cliquenbeobachtung und die Fokus Methode. Für die drei Tage der Beobachtung werden die Zeitstichprobe sowie der typischen Tagesablauf gewählt. Bei der Zeitstichprobe befindet sich die Beobachtende Person an einem festen Standort und trifft dort zu zuvor festgelegten Uhrzeiten ein. (Früchtel, Budde & Cyprian, 2013)

Fragetechniken in der Stadtteilerkundung sind sinnvoll, da die Leute sich angesprochen fühlen und wirksam sein können, wenn sie ihre eigene Meinung äußern dürfen. Paul Alinsky erstellt hierfür ein Fragenset. Er unterscheidet in:

Satzergänzungsfragen: „Wenn, dann"…

Projektiven Fragen: „Stellen sie sich vor…"

Hypothetischen Fragen: „Was würde passieren, wenn sie…?"

Ideal-Fragen: „Wie sollte ihrer Meinung nach…"

Klassische Berichtsfragen: „Wo kauft man gut ein? Welche Läden? Wo?"

Des Weiteren stellt er Eigenschaftslisten und Antragssets zur Verfügung. Dieser Antrag dient der Beurteilung von den Adressat*innen für wichtige Veränderungen. Damit können die Betroffenen ihre Meinung äußern und bekommen eine Stimme. Die

Methode der Stadtteilerkundung baut auf das Fachwissen der Stadtteilexperten auf. Diese Personen haben besondere Zugänge zu dem Stadtteil, da sie dort wohnen, viel Zeit verbringen oder ihre Freund*innen sich dort aufhalten. Expert*in wird man, wenn man den Stadtteil gut kennt, Geschichten erzählen und Verbindungen herstellen kann. Nach der vorgegebenen Beobachtungszeit werden die Ergebnisse und Erfahrungen ausgewertet. Hierbei geht es in erster Linie um die Rekonstruktion des Bildes, welches erzeugt werden soll. Anschließend kann das erstellte Bild interpretiert, analysiert und mit anderen verglichen werden. Das Ziel der Stadtteilerkundung ist, ein Gebiet aus dem Blickwinkel einer bestimmten Personengruppe zu erhalten. Die Bedeutung und Nutzung öffentlicher Gegenstände wird für die verschiedenen Berufsgruppen analysiert. Eine Parkbank kann sowohl ein Jugendtreff, eine Bank für Gespräche, eine Einladung zum Ausruhen als auch zum Feiern und nächtigen genutzt werden. Unterstände können als solche verwendet werden, aber auch als Nachtlager für Wohnungslose oder als Kreideecke für Kinder falls es regnet. Der Gegenstand bleibt derselbe, während sich die Nutzungsinteressen unterscheiden. Durch solche Beobachtungen bei Stadtteilerkundungen können sich Fachkräfte als Semi-Expert*innen beweisen. Sie sammeln Daten und Fakten, sprechen mit verschiedenen Adressat*innen und können sich in öffentlichen Gesprächen über die betroffenen Stadtteile äußern. Sie sind als Semi-Expert*innen dazu in der Lage, bestimmte Themen zu forcieren und entsprechende Maßnahmen anzuregen und ggf. zu beeinflussen. (Früchtel, Budde & Cyprian, 2013)

Aus den drei Tagen der Stadtteilerkundung kann festgestellt werden, wie oben genannt, dass es an Unterständen und Beschäftigungsmöglichkeiten mangelt. Als Semi-Expert*in kann sich Frau Batt nun dafür einsetzen, die Meinungen der Anwohner*innen zu vertreten oder gemeinsam mit ihnen in ein Handeln kommen, wie z.B. durch Bürgerinitiativen oder einer Petition. So können verschiedene Anregungen, wie z.B. ein Aktiv-Park oder Liegewiesen mit fest zugewiesenen Stühlen, umgesetzt werden.

Das gewonnen Wissen kann den Anwohner*innen wieder zur Verfügung gestellt werden um Gemeinsamkeiten in Meinung und Betroffenheit zu erkennen. Diese fördern die gemeinsamen Interessen und Handlungsmöglichkeiten. Die Ressourcen sowie das soziale Netzwerk der Adressat*innen kann aktiviert werden, was zu höheren Erfolgschancen bei Initiativen führt. (Früchtel, Budde & Cyprian, 2013)

Aufgabe 3

„Sozialräumliche Methoden und Instrumente sind gleichermaßen Wege zur Erkundung und Analyse von Sozialräumen wie auch als Praxismittel der Sozialen Arbeit im Sozialraum!" (Martin Knoke, 2022)

Der Begriff Methode bedeutet im Wortsinn übersetzt „Der Weg zu einem Ziel hin". Das bedeutet, eine Methode ist ein geplantes, zielstrebiges und systematisches Vorgehen und unterliegt verschiedenen Techniken und Prinzipien. Das Ziel ist es, neue Erkenntnisse zu erlangen und diese dadurch zugänglich zu machen. Jede Methode basiert auf einer zuvor aufgestellten Theorie. (Peter-Ulrich Wendt, 2021)

Das Instrument ist ein Hilfsmittel, um die Methode umzusetzen. Sie dient als konkrete und tatsächliche Umsetzung eines zuvor geplanten Handelns. Sozialraumorientierte Arbeit macht sich den Sozialraum durch Forschung zu Eigen. Die Erforschung ist ein wichtiges Merkmal der professionellen Arbeit sowie für den Einsatz der planmäßigen und zielführenden Methoden und Instrumente. (Marlen Weller-Menzel, 2019)

In der sozialen Arbeit gibt es eine Vielzahl verschiedener Methoden. Aus diesem Grund ist es wichtig, diese zu kennen und anwenden zu können. Bei der Sozialraumorientierung hat man sowohl den Sozialraum als auch die Adressat*innen im Blick. Dies führt dazu, dass die Anwendung auf verschiedenen Ebenen erfolgt. Um das zu gewährleisten, soll sich die Fachkraft über die Vielfalt der Methoden bewusst sein und den Sozialraum der Adressat*innen möglichst genau kennen. So ist es der Fachkraft möglich, die Methode plan- und wirkungsvoll einzusetzen. (Marlen Weller-Menzel, 2019)

Das oben genannte Zitat soll mit der Nadelmethode 2.0 von Deinet und Krisch verdeutlicht werden. Hierfür wird ein kleiner Einblick in die ursprüngliche Nadelmethode gegeben. Die Nadelmethode ist ein Verfahren zur Visualisierung bestimmter Orte und wurde ursprünglich als sozialräumliche Technik in der Jugendhilfe entwickelt. Sie dient der systematischen Erkundung von Infrastrukturressourcen und strukturellen Problemen im Stadtteil. Mit verschiedenen Nadeln werden auf einem Stadtplan bestimmte Freizeitorte, Treffs etc. gekennzeichnet. Dies kann mithilfe entsprechender, verschiedener Kriterien abgebildet werden. Kriterien sind z.B. das Alter, das Geschlecht, die Hobbys etc. Die Nadelmethode findet häufig in der Jugendarbeit Verwendung und erfährt dort aufgrund ihrer schnellen Ergebnisse besondere Beliebtheit. Die aktivierende Methode wurde von Norbert Ortmann entworfen und dient der Einschätzung qualitativer Plätze. Des Weiteren zeigt sie auf, welche Plätze von

Personen eher gemieden oder präferiert werden. Für die praktische Anwendung benötigt man einen Stadtplan, verschiedenfarbige Nadeln, Stifte, Klebepunkte sowie große Papierbögen. Vorteile der Methode sind die einfache Anwendbarkeit und effektiven Ergebnisse, sowie die Gruppengröße. Diese kann beliebig variieren. Um in Kommunikation zu kommen sind Kleingruppen ideal, da diese gut zu motivieren sind und man durch die aktive Einbeziehung eine gute Übersicht über den Sozialraum der Adressat*innen erhält. (Ulrich Deinet, 2009)

Die Nadelmethode 2.0 wurde mit dem virtuellen Raum erweitert und erfährt daher eine höhere Attraktivität bei der jugendlichen Zielgruppe, sowie einen besseren Erkenntnisgewinn. Der Grundgedanke ist die Verlagerung der Nadelmethode in den virtuellen Raum. Hierbei steht ein auf Kartenbasiertes Programm zur Verfügung, welches die Möglichkeit bietet, verschiedene Plätze und Orte mit Farben zu markieren. Die Bedeutung der Farben wird im Vorfeld mit den Mitarbeitenden geklärt. Das Programm kann mithilfe von anonymen Feedbackbögen kontinuierlich verbessert werden um in der Praxis weiterhin Anklang zu finden. Es besteht die Möglichkeit, in den Austausch mit anderen Nutzer*innen zu gehen, welche man möglicherweise auch vor Ort antreffen kann. Ein persönlicher Rahmen vor Ort ist wichtig, um den Jugendlichen die Möglichkeit zu geben, aktiv an Gesprächen und Aktivitäten teilzuhaben. Zu Beginn der Durchführung werden die Teilnehmer*innen darüber aufgeklärt, aus welchem Grund die Datenerhebung durchgeführt wird. Wichtig anzuschneidende Themen sind hierbei der Datenschutz sowie die Ziele die man verfolgt. Das Programm wird von den Forscher*innen erklärt, verschiedene Funktionen und Möglichkeiten aufgezeigt sowie die Datenschutzrichtlinien erklärt. Um erfolgreich teilzunehmen, wird eine grundlegende Kompetenz im Umgang mit neuen Medien vorausgesetzt. Unerlässlich während der gesamten Durchführung sind feste Ansprechpartner*innen, an die es sich bei Fragen oder Problemen zu wenden gilt. Nun können Orte und Plätze markiert, Bilder hochgeladen und sich ausgetauscht werden. Damit der qualitative Charakter der Nadelmethode erhalten bleibt, sollen sich die Teilnehmer*innen und Fachkräfte in einen regelmäßigen Austausch begeben. Dieser ist ein fester Bestandteil der Methode und erhält trotz der neuen Medien die Kommunikation zwischen Menschen. (Irene Dummer et al., 2015)

Geeignet ist die Nadelmethode 2.0 für Projekte mit Partizipationsanspruch. Partizipation nach Moser ist die bewusste Mitwirkung an Entscheidungen, welche das eigene Leben und/oder das der Gemeinschaft betreffen. Es ist ein Thema für alle Menschen in jedem Lebensbereich. Im Kontext der Demokratie und in verschiedenen gesellschaftlichen Gruppen wird dies häufig thematisiert. Eine zentrale Frage der

Partizipation ist, wie man die Bürger*innen bestmöglich an gesellschaftlichen und politischen Themen teilhaben lassen kann und sie somit in die Entscheidungsfindung integrieren kann. Bezogen auf Kinder und Jugendliche hat man festgestellt, dass wenn sie durch Partizipationsprojekte positive Erfahrungen gemacht haben, sie sehr gut beschreiben können, was sie gelernt haben und welche Kompetenzen sie entwickelt haben. Jugendliche können äußern, welche Ressourcen und Fähigkeiten sie haben und ihre eigenen Entwicklungen reflektieren. (Sonja Moser, 2010)

Vor allem in der Kinder- und Jugendarbeit ist die Partizipation ein wichtiger Begriff. Sie sollen Einfluss nehmen dürfen, in Planungs- und Entscheidungsprozesse miteinbezogen werden. Sie sollen die Erfahrung machen, eine Rolle in der Gesellschaft zu spielen und für sich selbst aktiv werden und Projekte mitzugestalten. Die Nadelmethode versucht, die Partizipationsform an die Kinder und Jugendlichen anzupassen und diese lebensweltnah zu gestalten. Dies führt zu einer höheren Motivation der Teilnehmer*innen und somit zu präziseren Ergebnissen. Das Programm nimmt auf die Lebenswelt der Adressat*innen Bezug, indem es Identitätsbildend agiert, Beziehungen und Kontakte fördert, sowie die gesellschaftliche Teilhabe. Dies wird einerseits durch die orts- und zeitunabhängige Online Plattform ermöglicht, andererseits auch durch den gegenseitigen Austausch an den verschiedenen Plätzen der Jugendlichen, in z.B. Jugendhäusern. Ein praxisbezogenes Beispiel für die Umsetzung der Nadelmethode 2.0 bietet ein Jugendhaus. Die Mitarbeiter*innen möchten herausfinden, welche Plätze die Jugendlichen meiden und welche sie gern besuchen. Die gewonnen Daten sollen bestehende Angebote für die Jugendlichen optimieren und ggf. neue schaffen. Die Teilnehmer*innen und Mitarbeiter*innen setzen sich in einer Runde zusammen, erklären ihr Vorhaben sowie den tatsächlichen Vorgang. Die Jugendlichen sind einverstanden und markieren daraufhin die im Programm zu sehenden Plätze. Deutlich wird hier, dass sich die Jugendlichen oft an einer Bank treffen. Durch den gegenseitigen und nun regelmäßigen Austausch in der Gruppe entwickelt sich der Wunsch nach einem Unterstand, damit man den Treffpunkt auch bei schlechtem Wetter aufrechterhalten kann. Mit der Auswertung der Daten können nun weitere Projekte folgen. Eine Initiative kann gegründet werden, welche sich z.B. bei den Kommunen dafür einsetzt, dass Unterstände errichtet werden. (Irene Dummer et al., 2015)

Ein positiver Aspekt der Nadelmethode 2.0 ist die Vergleichbarkeit über längere Zeiträume, da digitale Karten gespeichert werden können. Bauliche Veränderungen können aufgezeigt werden, welche die Eingriffe in die Lebenswelt der Kinder und Jugendlichen aufzeigen. Des Weiteren können medienpädagogische Ansätze im

Rahmen der Methode integriert werden. Diese sind in verschiedenen Lebensbereichen wichtig, da die Kinder und Jugendliche auf die neuen Medien angewiesen sind und so unterstützend herangeführt werden. Die Nadelmethode findet im virtuellen und persönlichen Rahmen statt, was das Vertrauensverhältnis und die Kommunikation der Beteiligten stärkt. Eine Herausforderung stellt die Voraussetzung einer hohen Medienkompetenz seitens der Mitarbeitenden dar. Damit die Projekte funktionieren können, sollten die Mitarbeitenden geschult werden, um ihr Wissen weitergeben zu können. Des Weiteren soll jede Gruppe für sich entscheiden, welche Informationen sie dem Internet überlässt. Hier sind eine Aufklärung über mögliche Gefahren und Datenschutzrichtlinien unerlässlich. Trotz der oben genannten Herausforderungen ist die Methode geeignet für einen ausgewogenen und guten Austausch innerhalb einer Kommune. Die Beteiligten werden aktiviert, sich mit dieser auseinanderzusetzen und in den Kontakt mit anderen zu treten. Sie lernen, sich aktiv mit ihrem Sozialraum und anderen Gruppen auseinanderzusetzen und knüpfen neue Kontakte. Die Nadelmethode ist ein erster Schritt, um sich mit Jugendlichen zusammen ihre Treffs genauer anzuschauen und eventuell über einen längeren Zeitraum zusammenzukommen um Veränderung zu erwirken. (Irene Dummer et al., 2015)

Literaturverzeichnis

Früchtel, F., Budde, W. & Cyprian, G. (2013). Sozialer Raum und Soziale Arbeit, 9–333. https://doi.org/10.1007/978-3-531-19047-1 zuletzt abgerufen am: 30.07.22

Früchtel, F., Cyprian, G. & Budde, W. (2013). *Sozialer Raum und Soziale Arbeit* (3., überarb. Aufl.). Springer VS.

Irene Dummer, Manuel Malcherowitz & Jens Weck. (2015). *Die Nadelmethode 2.0 als Werkzeug für Projektarbeit zu sozialräumlicher Partizipation.* https://www.sozialraum.de/die-nadelmethode-20.php zuletzt abgerufen am: 31.07.22

Marlen Weller-Menzel. (2019). *Methoden und Instrumente der Sozialraumorientierung.* SRH, Riedlingen.

Marlene-Anne Dettmann. (2017). *Partizipation und Ressourcenorientierung in der sozialen Arbeit.* https://d-nb.info/1123729484/34 zuletzt abgerufen am: 29.07.22

Martin Hertkorn (2012). Ressourcenorientierte Genogrammarbeit. *Coaching Magazin*(4). zuletzt abgerufen am: 29.07.22

Martin Knoke. (2022). *Sozialraumorientierung, Vernetzung und Sozialanwaltschaft* [Prüfungsthemen]. SRH, Riedlingen.

Peter-Ulrich Wendt. (2021). *Lehrbuch Methoden der sozialen Arbeit* (3. Aufl.). Beltz Juventa.

Rudolf Bieker (Hrsg.). (2020). *Sportsozialarbeit: Strukturen, Konzepte, Praxis* (1. Aufl.). Kohlhammer.

Sonja Moser. (2010). *Beteiligt sein: Partizipation aus Sicht der Jugendlichen.* Springer VS. https://doi.org/10.1007/978-3-531-92149-5_3 zuletzt abgerufen am 30.07.22

Ulrich Deinet, R. K. (2009). *Die Nadelmethode.* socialnet GmbH. https://www.sozialraum.de/nadelmethode.php zuletzt abgerufen am 30.07.22

BEI GRIN MACHT SICH IHR
WISSEN BEZAHLT

- Wir veröffentlichen Ihre Hausarbeit,
  Bachelor- und Masterarbeit

- Ihr eigenes eBook und Buch -
  weltweit in allen wichtigen Shops

- Verdienen Sie an jedem Verkauf

Jetzt bei www.GRIN.com hochladen
und kostenlos publizieren